Quelques jours

de croisière

dans l'Adriatique

19 avril — 7 mai 1901

LES ARÈNES DE POLA

Aquarelle de M. Waldeck-Rousseau

Quelques jours
de croisière
dans l'Adriatique

9 avril — 7 mai 1901

Trau

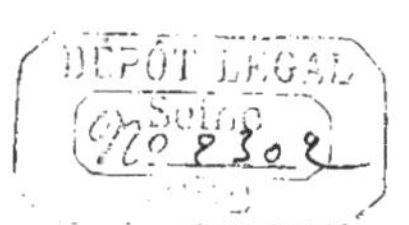

A MADAME WALDECK-ROUSSEAU

Hommage très respectueux.

Gaston MENIER.

Quelques jours de croisière

dans l'Adriatique

Le yacht « Grace Darling »

Nous arrivons le samedi 20 avril à Venise, et nous nous embarquons à la gare sur la chaloupe à vapeur qui est venue nous chercher avec le capitaine James. Il est sept heures du soir, le soleil se couche dans un ciel superbe et nous évoluons au milieu d'innombrables gondoles qui manœuvrent autour de nous avec une précision admirable et sans bruit. Nous allons à bord du *Grace Darling*, que nous avons nolisé et qui, arrivé de Nice, nous attend depuis six jours, mouillé près de la Douane.

Ce yacht de 250 tonneaux est très bien vraiment, de bonne grandeur, très propre et de logement agréable. Le capitaine James a très bonne apparence et nous savons déjà sa réputation de bon marin ; il connaît, pour l'avoir déjà fait plusieurs fois, le voyage de l'archipel illyrien, que nous allons entreprendre, et nous voyons qu'il est un homme énergique autant qu'aimable.

1

Nous passons en revue notre équipage. Tous nos marins ont une bonne figure et sont bien tenus.

Nous interrogeons particulièrement le steward Harry, très vif et fort prévenant, et qui connaît son service à fond. Nous le verrons, du reste, dans la suite, très apprécié pour ses prévenances pour les passagères. Enfin notre chef, qui sort des cuisines du baron de Mohrenheim et du général Saussier, nous rassure sur notre sort dans ces îles. Nous pourrons plaindre les voyageurs qui, moins bien partagés, n'auront que la vue de la nature pour se réconforter des hôtels infâmes et des auberges sordides que l'on y rencontre.

Un lit sans punaises et un plat sans mouches sont choses appréciables.

Venise
Le Grand Canal

Nous nous installons à bord, et nous prenons nos dispositions pour le logement de nos hôtes, qui arrivent à Venise le lendemain soir.

Nous dînons avec Mmes Godillot et Fenaille, que nous rencontrons à Venise ; puis une excellente nuit nous remet des vingt-neuf heures passées en chemin de fer depuis notre départ de Paris.

Le dimanche matin nous déjeunons à bord avec ces amis et nous sommes heureux de leur faire goûter un peu de cuisine française, dont ils sont privés depuis quinze jours. Hélas ! Venise est fermée. Nous visitons quelques rues en gondole, puis nous entrons dans un palais dont l'intérieur, moderne et rococo, ne répond pas à l'extérieur, gracieux et agréablement patiné. — Le soir nous allons à la gare chercher le Président et Mme Waldeck-Rousseau, M. Fernand Crouan, Marie et Jack Liouville, qui arrivent par le même train que nous la veille, et nous les amenons en chaloupe à bord, où nous dînons. — Après le dîner nous les conduisons à terre à l'hôtel Danieli, et nous convenons que

Venise — Devant le palais des Doges

nous embarquerons le lendemain soir lundi pour lever l'ancre le mardi matin.

Le lundi nous allons mouiller le yacht devant le palais des Doges et préparons le voyage ; puis, après une visite à Saint-Marc et à quelques palais inté-ressants, nous réservant de voir Venise à notre retour de Dalmatie, nous faisons quelques em-plettes complé-mentaires, et nous allons dîner à bord du *Grace Darling* et nous installer définitivement. — Après le dîner qui

Venise — Le palais des Doges

nous réunit avec M. et Mme E. Demagny et M. et Mme A. Ul-rich, une troupe de chanteurs vénitiens, par une soirée splendide, nous donne le long du bord une sérénade fort agréable.

Georges et Jack rentrent à terre, puisqu'ils sont obligés de repartir à Paris, et les passagers prennent leurs dispositions définitives pour le départ, qui a lieu le lendemain matin à huit heures et demie.

Nous partons donc cinq passagers : le Président et Mme Waldeck-Rousseau, M. Fer-

Venise — Saint-Marc

nand Crouan et sa fille Marie. De plus, M. Perrette, Eugénie et Louis. La petite chienne Bobine est du voyage et emporte sa garde-robe variée.

Le mardi 25 nous appareillons, nous faisons nos adieux aux deux garçons et nous quittons Venise par le Lido. Vers neuf heures et demie nous prenons la mer à l'extrémité de la digue du Lido. — Il y a de la houle du nord-est et le *Grace Darling* se balance légèrement, mais en recevant sur l'avant quelques paquets d'embruns. Nous avons la même mer pendant les trois premières heures. Nos deux passagères et la pauvre Eugénie,

En mer

la femme de chambre, s'inclinent devant Neptune, qui, satisfait
de cet hommage, consent à calmer ses flots, et nous voguons
avec un soleil délicieux sur une mer qui s'apaise de plus en
plus à mesure que nous approchons de la côte d'Istrie. La
jeune Bobine a défié les éléments et nous constatons que la
mer n'a pas troublé son appétit. — Nous apercevons les îles
Brioni, Pola, protégée par elles, et vers six heures nous doublons le cap Promontore, qui termine cette grande pointe. Nous
remontons alors au nord-est, et nous voyons déjà se dessiner sur
notre droite la grande île de Cherso, que nous reverrons encore
les deux jours suivants. La nuit se fait avec un mince croissant de
lune et nous aper-
cevons les feux de
Fiume; puis, en ap-
prochant encore,
nous voyons une
illumination rouge
dans la direction
d'Abazzia, où nous
mouillons à dix
heures et demie du
soir.

Le lendemain
mercredi nous

Abazzia

allons à terre
de bonne heure, et nous visitons cette petite station intéressante que l'on nomme le Trouville de l'Adriatique. Nous
allons déjeuner à l'hôtel Stéphanie, où nous reconnaissons
un des Palace-Hôtels des Wagons-Lits. — Nous changeons
de l'or, car la monnaie italienne n'est pas reçue; nous faisons
quelques provisions; nous achetons des *scampi,* ces énormes
crevettes de l'Adriatique, et après le déjeuner nous prenons
un petit vapeur qui fait toutes les heures le service d'Abazzia
à Fiume. — Nous ramassons les uns et les autres tout
ce que nous savons d'anglais, d'allemand et d'italien, et
nous essayons de nous tirer d'affaire tant bien que mal. Par

malheur, il faudrait parler le croate, et nous l'ignorons.

A Fiume, nous prenons des voitures, et nous montons visiter le vieux château. Nous suivons interminablement, sans pouvoir le dépasser, un enterrement qui nous semble curieux avec la fiancée du défunt portant un cierge brisé, les cheveux défaits, puis les demoiselles d'honneur en blanc et le clergé en ornements d'un rouge violent. Nous abandonnons enfin notre escorte involontaire à son entrée au cimetière, et nous jouissons du château, peu intéressant par lui-même, d'une vue mer-

Port de Fiume

veilleuse sur la ville de Fiume et sur la baie, les îles et les montagnes qui se dressent tout autour de nous.

Nous repartons à Abazzia, où nous prenons un excellent café au lait à la viennoise *(capuziner)* aux sons d'un orchestre de véritables tziganes qui jouent des morceaux parisiens, et nous regagnons le bord, où nous dînons en admirant encore le panorama calme et superbe que nous avons devant nous.

Le jeudi 25 nous partons à cinq heures et demie du matin, et nous allons à Zara par le canal de Maltempo. Nous passons entre des îlots très pittoresques et vers neuf heures nous sommes devant Zengg, où nous voyons le phénomène curieux d'être en plein calme tandis que près de la côte, à quelques milles de nous, la mer est blanche d'écume. C'est la *bora* qui descend de la côte. Nous continuons régulièrement notre route vers le sud en longeant les îles de Veglia, de Pervicchio, de

Zara.

Goli et d'Arbe, et nous passons dans un délicieux canal naturel de plusieurs kilomètres de longueur, large seulement de cent à cent cinquante mètres, entre l'île d'Arbe et l'île de Delin. Nous le traversons pendant le déjeuner. Nous remarquons les interminables murs qui délimitent les propriétés, les mosaïques formées par de semblables murs qui abritent de la *bora* les parcelles de terre arable que nous apercevons et qui montrent çà et là un arbre chétif ou quelques touffes d'herbe, et nous ne nous lassons pas d'admirer les tons roses, gris, bleus de toutes ces montagnes et de toutes ces îles dont l'aspect est varié à chaque instant.

Nous doublons les îles de Pago, de Skerda, de Maon et arrivons vers trois heures à l'île de Puntadura, d'où nous apercevons à l'horizon une tache blanche qui est Zara. Enfin, à cinq heures trois quarts nous entrons dans le port de Zara par un soleil superbe et une mer bleue, et nous descendons à terre faire une

Zara — Les puits

reconnaissance de la ville avant le dîner. Un très aimable promeneur nous donne quelques explications intéressantes nous

montre la loggia, les portes de la ville, les cinq puits et les ci-
ternes ; puis, comme nous le remercions, il nous dit savoir qui
nous sommes, et qu'il est, lui, le journaliste italien de l'organe
italien de Zara opposé au parti slave. A peine le quittions-nous
que le journaliste de l'organe slave vient à son tour se mettre
à notre disposition. Entre les deux nous restons neutres et
rentrons à bord après avoir acheté quelques fioles de maraschino que
nous dégustons en véritables amateurs et dont nous apprécions le par-
fum délicat mélangé à toutes sortes de mets.

Zara

La grande porte

Nous passons une nuit tranquille malgré les types de bandits que
nous avons aperçus dans les rues, et nous nous coiffons de ces amu-
santes calottes rouges à gland noir que nous voyons sur la tête de tous les gens du pays.

Le lendemain nous allons à terre faire quelques photo-
graphies ; nous expédions quelques fioles de marasquin en
complétant notre propre provision, et nous voyons des marchés
où l'on rencontre déjà des types particuliers au pays, ne parlant
qu'un patois serbo-croate inintelligible. — Nous leur marchan-
dons du bois pour leur demander en même temps l'adresse de
leur tailleur, mais c'est peine perdue ; ils ont cependant des pan-
talons tout à fait réjouissants, faits d'une étoffe *homespun* gros
bleu qui serait parfaite comme vêtement de chasse. A onze heures
un quart le yacht sort du port et vient se placer contre le môle
extérieur, où nous le rejoignons pour partir.

Nous lisons les Guides pour nous éclairer sur les contrées

que nous allons voir, et nous y constatons plusieurs inexacti-
tudes, entre autres l'assertion que les habitants de Zara sont
honnêtes et que leur pays peut s'ap-
peler le pays sans serrures.
Hélas! notre chef, en portant
son panier au bateau, avait
été dévalisé d'un beau quar-
tier de bœuf, chose rare
dans ce pays de l'agneau !
— Nous côtoyons encore
des îles pittoresques : les
îles de Pasman, Morter,
Bice, Zlarin, et à quatre
heures et demie nous don-
nons dans l'entrée de Se-

Départ de Zara

benico, commandée par un fort aux embrasures sans canons.
Nous entrons dans l'estuaire, au fond duquel s'est construite
la ville de Sebenico, et nous remettons notre patente ; mais,
comme il n'est pas tard, nous décidons de remonter avec le
yacht jusqu'à Scardona, où nous mouillerons pour passer la
nuit. — Nous montons donc, et nous passons dans une sorte de
fjord étroit aux bords abrupts dans lequel à certains endroits il

Sebenico

faut ralentir pour pouvoir faire les tournants. Partout le chemin
semble barré et on a l'impression de *l'Enfer* de Dante de Gus-
tave Doré. Après une quinzaine de kilomètres, le chenal s'élargit

un peu et forme un petit lac ; nous voyons un village verdoyant posé sur le bord de ce lac et formant une oasis dans ce cirque de montagnes de pierres : c'est Scardona, et nous mouillons ;

De Sebenico à Scardona

puis avec la chaloupe à vapeur nous remontons encore pendant une demi-heure, et nous arrivons à la splendide cascade de Kerka, dont les eaux tombent de soixante mètres par gradins superposés et de loin semblent immobiles. Nous visitons les prises d'eau pour l'électricité qui bientôt détruira cette merveille, et nous redescendons à Scardona pour dîner à huit heures du soir. — Nous dînons sur le pont, au milieu de ce lac sombre entouré de hautes montagnes à profils imposants, et nous contemplons ce décor féerique éclairé par la lune. Delna serait apparue

En approchant de Scardona

en Orphée criant sa douleur que nous aurions trouvé son apparition naturelle et que nous nous serions laissé toucher par ses pleurs ! C'est admirable.

Le matin à six heures et demie nous dérapons pour descendre à Sebenico, où nous arrivons à sept heures et demie. Nous mouillons à côté d'un vapeur blanc qui porte le nom singulier de *Kaka;* nous n'en découvrons pas l'étymologie. — Nous nous préparions à aller à terre quand on nous signale un canot à quinze avirons, avec un officier en grande tenue qui nous fait visite et se met très aimablement à notre disposition

A Scardona

pour nous faire visiter la ville; c'est le commandant de l'École navale. — Nous voyons avec lui le Dôme, un grand nombre de maisons portant les traces de l'architecture vénitienne, des rues

Cathédrale de Sebenico

étroites, tortueuses, mais pleines de caractère et donnant bien l'impression de l'Orient. Nous allons rendre la visite au commandant de l'École navale, qui nous reçoit fort aimablement et

nous fait visiter sa station navale toute fleurie, son navire-
école, etc. Nous le quittons pour rentrer à bord, et nous partons
à dix heures un
quart pour Traü. —
Toujours une navi-
gation charmante et
variée, des tons de
mer délicieux, des
découpures d'îles
imprévues et décon-
certantes. Nous ar-
rivons à Traü à deux
heures un quart,
et nous mouil-

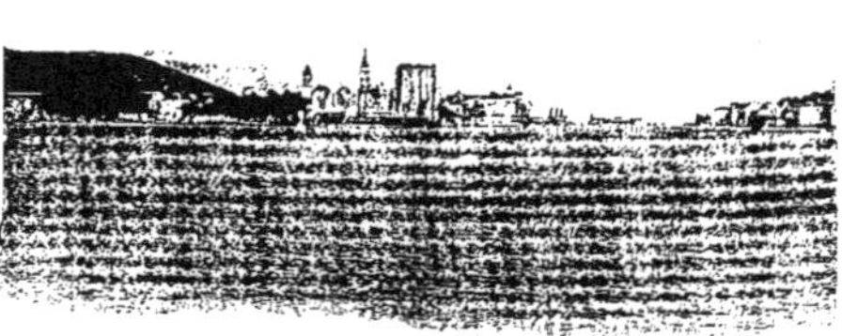

Traü

lons avant le pont tournant qui relie, dans cette partie étroite,
l'île Bua à la terre. Nous allons visiter cette église célèbre et
dont la réputation n'est point surfaite. Rien n'est joli comme la
piazzetta qui lui donne accès ; la loggia est d'un ton charmant,
et cette église, qui semble le diminutif de Saint-Marc, en pos-
sède également le charme et la patine. Les lions qui sont sous

Traü — Chapelle des Ursini

le péristyle sont polis : on les dirait d'ivoire ancien ; la chaire
vénitienne est délicate et fine, et enfin la chapelle des Ursini
est d'une grâce achevée. Partout sur les maisons, sur les mu-
railles de la ville est incrusté le lion de Saint-Marc. De l'ex-

térieur, la ville, avec sa tour octogonale et sa tour circulaire, reliées par une muraille d'un joli ton clair, a une silhouette fière

Traü — Sur le quai

et conservée. C'est une jolie chose à regarder par ce ciel pur et cette mer si bleue.

Le bâtonnier des avocats de Traü vient présenter ses hommages au Président et lui rappelle ses plaidoiries et ses discours, qu'il connaît dans tous leurs détails. Il n'est jamais venu en France, mais il parle un très pur français; il nous exprime ses sympathies pour la France, et nous quittons Traü à trois heures et demie, avec un regret de ne pas l'avoir peut-être assez longtemps visitée.

Spalato

A quatre heures et demie nous entrons à Spalato; après avoir mouillé contre la nouvelle digue, nous allons à terre et nous trouvons l'agent consulaire français qui, prévenu par les journaux, guettait l'arrivée du yacht. Il nous offre ses services, que nous acceptons, et nous voyons tout d'abord la façade sur la mer de cette immense ruine du palais de Dioclétien. Nous voyons les restes encore curieux de la porte Dorée, la place Marmont, puis nous allons au musée, que nous fait visiter le directeur du musée archéologique, le chanoine Bulic, qui nous montre ses collections de pierres, d'inscriptions et surtout de verreries et de pierres dures gravées, bien remarquables. Il nous conduit au Dôme, nous en raconte les

Spalato
Le mur du palais
de Dioclétien

détails historiques et nous fait voir le péristyle du palais en même temps que la restauration de son église cathédrale. Il est extrêmement intéressant, et nous ressentons de cette visite une impression très profonde de force et de grandeur de ce pays, qui, tant de fois envahi et dominé à travers les siècles, porte encore les traces

Entrée des bouches de Cattaro
La pointe d'Ostro

des civilisations successives qui s'y sont épanouies. Le chanoine Bulic est un savant très érudit, passionné pour ses recherches, et qui nous engage vivement à voir Salone à notre retour ; c'est sur l'emplacement de cette ville

romaine qu'il a trouvé ses verreries et ses bijoux, car, hélas! à
Spalato, lors des pillages, tous les objets curieux sont tombés
dans les caves im-
menses du palais,
qui depuis servent
d'égouts à la ville
qui s'est édifiée
sur les ruines, et il
faudrait enlever
maintenant la ville
pour pouvoir effec-
tuer des fouilles,
et quelles fouilles !

Iles dans les bouches de Cattaro

Nous couchons dans le port après avoir remercié l'agent
consulaire, le chanoine Bulic, qui a inspiré une véritable passion
à la douce Marie, et le préfet, qui était venu à notre rencontre ; le

La ville de Cattaro

lendemain matin, dimanche 28, nous quittons Spalato à cinq
heures et demie pour aller à Gravosa.

En partant, nous trouvons du clapotis dans le canal de

Brazza. Nous longeons cette grande île, puis l'île de Lesina, et, après avoir passé le cap San Giorgio, nous venons nous engager dans le canal qui sépare Sabioncello de l'île de Curzola, canal étroit et de végétation plus riche. Nous passons devant la jolie petite ville fortifiée de Curzola, puis nous prenons le canal de Meleda, pour passer en-suite entre la terre et

Dans les bouches de Cattaro

les îles de Giupana et Calamota ; nous voyons devant nous Gravosa, où nous devions mouiller ; mais il est sept heures du soir, et puisque la mer est belle nous pensons en profiter pour pousser de suite jusqu'à Cattaro ; nous verrons Raguse et Gravosa, qui en est le port, en revenant. Nous quittons donc les îles, et nous longeons la côte ; il y a une petite houle qui vient du sud, et nous dînons pendant la traversée. Nous apercevons le feu de la pointe d'Ostro, et à onze heures du soir, après avoir franchi l'en-trée de cette merveilleuse rade, qu'éclaire la lune, nous poursuivons jusque dans la seconde rade intérieure de Tedco, où nous mouillons à minuit, près du dépôt de la flotte autrichienne.

Cattaro — Types d'habitants

Nous repartons le matin à sept heures, et nous continuons à remonter ce fjord incomparable, dont les bords sont semés de maisons et dont les contreforts sont des montagnes de 1,500 et 1,800 mètres. Nous

nous engageons dans des passes étroites; nous traversons
une succession de lacs vastes et tranquilles avec des maisons
sur les rives, au milieu d'une végétation très luxuriante. Nous
apercevons des églises bâties sur des îlots isolés. Bref, c'est là
encore un décor, mais plus aimable, s'il est plus grandiose, qu'à
Sebenico. Ce lac ne peut d'ailleurs être comparé plus juste-
ment qu'au lac des Quatre-Cantons. Les formes aussi bien que
les aspects des bouches de Cat-
taro en sont tout à fait semblables.
Enfin, dans le fond d'une dernière
ramification de cet estuaire si
bizarre, nous apercevons la petite
ville de Cattaro, plus curieuse par
sa situation que par elle-même.

Cathédrale de Cattaro

Dominés par des montagnes
énormes, dont la cime est couverte
de neige, le château-fort et l'en-
ceinte fortifiée qui la défendaient
sont accrochés au-dessus d'elle
comme une panoplie avec leurs
tours en cascades, leurs murs qui
semblent empêcher plutôt les agres-
seurs qui se laisseraient choir du
rocher à pic que ceux qui essaie-
raient de tenter l'escalade, impossible d'ailleurs. Dans les
rues, des restes de civilisation vénitienne, des colonnes, des
balcons, le Lion de Venise; sur le port, sur les marchés, des
Albanais, des Bosniaques, des Monténégrins avec leurs cos-
tumes si typiques. Malheureusement la pluie nous prend à
midi et dure toute la journée. Nous allons à terre, et nous
essayons d'acheter quelques objets, mais nous ne trouvons pas
grand'chose de bien intéressant à rapporter. Le spectacle est
dans la nature. Nous finissons cependant, grâce à notre *good
interpreter* John, meilleur pilote que truchement, et surtout
grâce à Antonio Anterich, qui est fort complaisant et qui parle

bien le français, par trouver quelques souvenirs, et nous rentrons à bord nous mettre à l'abri.

La pluie tombe toute la soirée, mais sans nous gêner, heureusement, et au dîner nous avons la surprise d'une charmante Monténégrine en costume de gala. C'est Marie qui nous charme ainsi, et l'*asti spumante* coule à flots pour fêter la réussite de l'examen de Jack, qu'un télégramme nous annonce.

Entrée de la rade de Gravosa

Le mardi matin nous allons à terre pour voir le marché, un peu terne par suite de la pluie, mais amusant tout de même avec ces groupes d'hommes bosniaques, monté-

Raguse vue de la mer

négrins, qui se promènent sabres et poignards dans la ceinture en fumant leur éternelle cigarette, tandis que les femmes, accroupies au milieu de leurs agneaux et de leurs légumes, proposent leurs marchandises sans se lasser... ou construisent les maisons! On nous montre la route en lacets interminables qui conduit à Cettinge, la capitale du Monténégro. A notre regret,

Raguse -- Le Stradone

nous avons dû écarter de notre voyage cette excursion.

A huit heures nous quittons Cattaro, et nous parcourons de nouveau ce magnifique estuaire; à dix heures nous donnons en mer à la pointe d'Ostro, et nous arrivons, après une belle traversée, à une heure et demie dans la rade de Gravosa. Le commandant du port militaire, auquel nous avons télégraphié, nous a préparé du charbon, que l'on

Raguse   La fontaine

embarque pendant que nous prenons des voitures pour nous rendre à Raguse, distante de trois kilomètres.

Nous visitons la ville, le Stradone, la Loggia, les cloitres des dominicains et des franciscains, la jolie fontaine avec ses pigeons, l'hôtel des Gouverneurs, et nous allons prendre un *capuziner* à l'*Imperial hotel* pour nous reposer de notre promenade à travers cette ville intéressante et surtout d'apparence plus civilisée que celles que nous venons de parcourir pendant notre tournée. Nous rentrons dîner à bord, et, désirant visiter Salone en repassant à Spalato, nous décidons de quitter Gravosa à

Lesina — La Loggia

deux heures du matin. Au moment de déraper, un orage que nous avions vu se former pendant le dîner éclate avec violence, et durant plus d'une heure le tonnerre se fait entendre par une pluie torrentielle. Nous dormions bien, car aucun des passagers ne s'en doute un seul instant, et le lendemain matin le ciel nettoyé nous promet une belle journée.

Salone — Les fouilles

Nous longeons l'île de Lissa près de l'endroit où l'amiral Tegetthoff battit la flotte italienne.

Nous passons à dix heures trois quarts devant Lesina, où nous stoppons pendant une heure pour visiter cette petite ville, curieuse avec sa Loggia de Sanmicheli, sa piazza dei Signori, sa cathédrale et son campanile. Toujours le lion de Saint-Marc attestant la possession vénitienne. Un garde civique dont la tenue date tout au moins de cette époque fait tenir à distance, par quelques coups de badine, la jeunesse turbulente de l'endroit, et nous nous rembarquons en achetant d'excellents homards que nous propose un pêcheur

Salone — Alignements de sarcophages

et quelques flacons d'essence de romarin, *acqua della regina*.

A deux heures nous arrivons devant Spalato. Rien de plus admirable que cette entrée du large, et pendant deux heures nous jouissons devant nous d'un spectacle délicieux. Des tons d'une finesse merveilleuse, les montagnes et le ciel d'une harmonie charmante, une lumière tamisée mais éclatante néarmoins; c'est splendide. A notre arrivée à Spalato, nous trouvons l'aimable chanoine Bulic, le préfet, M. de Petcher, l'agent consulaire français Milanich, puis M. Milich, le maire (podestat) de

Salone   Ruines

Spalato, qui nous attendent avec des voitures. Nous leur avions

annoncé notre arrivée en leur demandant de nous accompagner
aux ruines de la ville de Salone et de venir le soir dîner à bord.

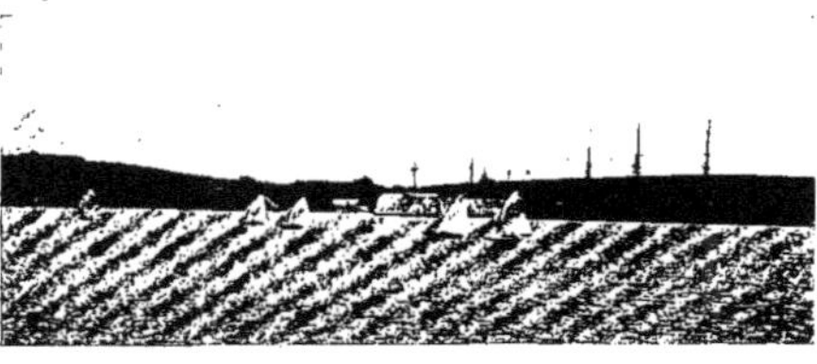

Pola — Entrée de la rade

Nous partons à
Salone, et en une
demi-heure nous
arrivons à l'emplace-
ment de cette ville
romaine de plus de
cinquante mille
âmes, sur l'empla-
cement de laquelle sont maintenant des champs de vignes et
des pierres et où le savant Mgr Bulic, avec une patience et une
érudition remarquables, a pu reconstituer des documents historiques tout à fait intéressants.

Nous sommes assaillis par des paysans qui nous proposent
des monnaies et des pierres dures gravées dont on trouve un
grand nombre dans les champs. Nous en achetons quelques-
unes, non sans que Mgr Bulic, avec un morceau de cire, ait exa-
miné l'objet présenté et discuté le prix.

Nous sommes terribles, car nous
gâtons les prix, et le cours
de ces objets va se res-
sentir de notre visite.
Nous voyons les arènes,
les alignements de sar-
cophages tous éventrés
lors des invasions des
Huns, les mosaïques du
temple, les portes d'en-
trée, et sur toutes ces choses
notre guide intéressant nous
fournit les explications les
plus claires et les plus séduisantes.

Pola — Les arènes

Il fait chaud, et depuis plus de trois heures nous circu-
lons ; nous sommes tous exténués, et nous trouvons dans une

originale demeure pompéienne du chanoine une collation fort
agréable où quelques verres d'excellent vin de Salone nous
remettent tout à fait.

Nous rentrons à
Spalato, où la cha-
loupe nous prend pour
nous mener à bord,
et quelques instants
après nos quatre in-
vités viennent dîner.

Pola — L'arsenal

L'aimable chanoine tient la conversation et nous charme
par ses anecdotes, contées avec une finesse toute particulière,
tandis que Marie fait assaut de grâce et de coquetterie avec
l'excellent podestat de Spalato, qui semble particulièrement ravi
de sa soirée. Cet honorable magistrat commence à nous mon-
trer sa parfaite connaissance du français et combien il apprécie

Pola — Porta Aurata

nos vins et notre
table... Le préfet,
avec une correction
toute préfectorale,
reçoit les remercie-
ments de nos passa-
gères, auxquelles il
a apporté de super-
bes roses provenant
de ses jardins. Nos
hôtes prennent
congé et nous sou-
haitent bonne conti-
nuation de notre
voyage. Nous les

faisons reconduire à terre.

Le jeudi 2 mai nous quittons Spalato à six heures du matin,
par une mer superbe, et nous reprenons notre route au nord-
ouest. Nous trouvons un peu de houle après avoir passé l'île

de Zirona; il vente un peu et nous sommes toujours suivis par nos goélands habituels. Vers midi nous sommes entre la terre

Venise -- Arrivée par le Lido

et l'île de Pasman, et nous apercevons Zara. En approchant nous voyons les trois corvettes de l'École navale de Sebenico, qui manœuvrent et mouillent devant Zara, où nous entrons à deux heures et demie. Il y a bonne brise dehors.

De Venise à Torcello

Nous allons à terre et complétons nos acquisitions de toques, d'étoffes, de marasquin, pendant que le Président fait de l'aquarelle. Nous rentrons goûter à bord à cinq heures et manger nos excellentes confitures, car on a toujours grand appétit à bord; mais le Président, qui, malgré le soleil, a abandonné son étude sur la foi de son chronomètre, qui marque six heures trente-cinq, nous blâme de manger si peu de temps avant le dîner. Nous nous expliquons, et nous constatons que par un phénomène occulte sa montre, prise sans doute par la *tramontane* du pays, abat son heure en trois quarts d'heure. La quinine serait impuissante devant une pareille fièvre!

La promenade des remparts et l'arrivée du gros bateau du

Lloyd nous occupent jusqu'au dîner, et nous nous couchons à dix heures et demie, après avoir décidé de partir à minuit pour profiter du calme qui semble se produire et arriver en même temps plus tôt à Pola, que nous désirons visiter.

Venise — Le Lion de Saint-Marc

La nuit est belle, et à cinq heures du matin nous longeons l'île de Lussin. Abazzia est au loin par notre travers dans la brume; à huit heures nous doublons le cap Promontore, que nous reconnaissons, et à neuf heures nous entrons dans la belle rade de Pola par un soleil radieux. Des régates ont lieu devant nous, et après avoir contourné l'île Olivi et l'arsenal, nous mouillons à neuf heures et demie devant les superbes arènes de la ville, qui bordent le quai où nous abordons. Nous

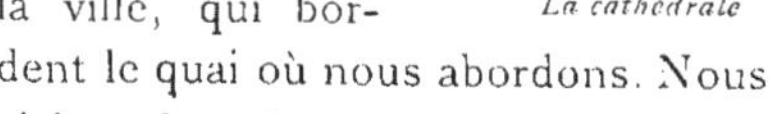

Torcello
La cathédrale

visitons les arènes, nous voyons les portes d'Hercule, la Porta Gemina, la charmante *Porta Aurata* élevée par Mme Sergia, de ses deniers, au capitaine Sergius victorieux, puis le temple de Diane.

La journée est superbe et nous avons devant nos yeux les arènes dorées par le soleil, en même temps que le puissant arsenal autrichien, qui occupe presque toute la rade.

Après le déjeuner nous voyons encore les régates de notre bord, et pendant que le Président exécute une magistrale aquarelle des arènes, nous retournons à terre.

Un cocher croate nous conduit autour de la ville ; nous longeons l'arsenal, nous traversons les jardins . et rentrons par la rue principale, très animée. Partout des officiers et des marins ; on sent qu'on est dans une ville essentiellement militaire.

Nous dînons à bord par une nuit superbe ; la lune se lève derrière les arènes, qu'elle inonde de lumière. Les arceaux s'éclairent ; il semble que les jeux vont commencer.

Torcello — Les mosaïques

A dix heures du soir nous partons, et après avoir donné un dernier coup d'œil à cette ville agréable, nous mettons le cap au N.-E. 1/4 E. sur Venise. A dix heures et demie nous quittons les dernières îles de l'Adriatique, les Brioni, et par une mer splendide, avec une lune d'argent, nous voguons tranquillement.

A six heures un quart du matin nous entrons par le Lido et venons mouiller devant le palais des Doges. Venise s'éveille dans une brume matinale. C'est beau, mais nous sentons que la croisière s'achève. On entend le sifflet du chemin de fer qui nous rappelle qu'au bout de ses rails Paris nous attend bientôt. Nous profitons des quelques jours qui nous restent pour visiter à nouveau, grâce à notre incomparable cicerone le Président, les merveilles de Venise, et le dimanche, par une belle journée, nous allons avec la chaloupe à vapeur à Torcello visiter la curieuse cathédrale antérieure à Saint-Marc, avec ses mosaïques naïves, mais puissantes de couleur, et qui ont conservé leur éclat malgré six siècles.

Enfin nous nous séparons, et, comme pour marquer l'étape de ces jours calmes et heureux, la pluie survient, noyant les dômes, les campaniles. Les gargouilles fines et grotesques du palais des Doges déversent bruyamment sur les pavages de marbre l'eau du ciel noir. Les gondoles ont repris leurs *felse* et le train nous emporte sur la terre ferme avec le souvenir d'une vision passée inoubliable.

Zara -- Une frégate-école autrichienne

PARIS

TYPOGRAPHIE PLON-NOURRIT ET Cie

rue Garancière, 8.

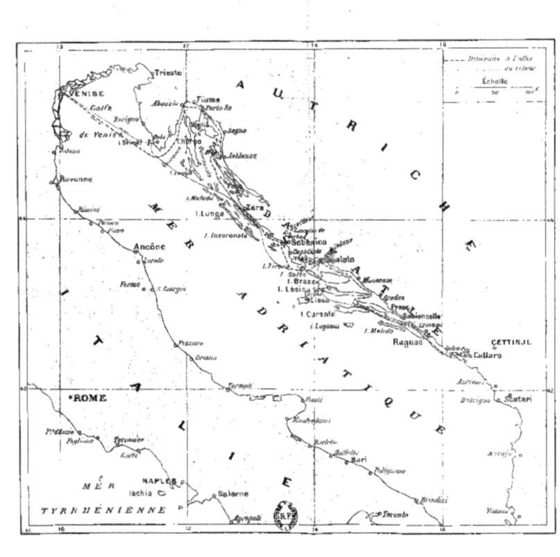